LE PARTI-PRÊTRE

DISCOURS

PRONONCÉ LE 31 JANVIER 1875, A THONON

PAR M. MERMILLOD

VICAIRE A THONON

DANS UNE RÉUNION DES ASSOCIÉS DE PIE IX.

ANNECY

ANCIENNE IMPRIMERIE BURDET

J. NIERAT et Cie, successeurs

1875

LE PARTI PRÊTRE

Messieurs,

Quand un prêtre est appelé au milieu de vous, sa parole n'a pas besoin d'être éloquente pour pénétrer jusqu'à votre cœur, car ce qui fait, à vos yeux, l'éloquence du prêtre, c'est qu'il se présente à vous comme l'ambassadeur de Dieu. Et cependant, Messieurs, si je pouvais éprouver un étonnement, ce serait l'excellence même de votre accueil qui me l'inspirerait.

Quand nous passons dans la rue,

nous n'éprouvons bientôt plus de surprise de ce qu'on ne salue pas l'ambassadeur de Dieu ; notre surprise vient de ce qu'on le salue encore. C'est qu'un mot d'ordre circule depuis longtemps, et ce mot d'ordre se résume dans un mot : il y a un parti, dit-on, qui est en conjuration permanente contre le peuple, c'est le *parti prêtre*. Oui, nous sommes appelés le *parti prêtre*, et ce parti prêtre est une épée de Damoclès, éternellement suspendue sur le peuple ; et ce parti prêtre ourdit des trames incessantes contre le peuple, et quand nous nous rendons à nos conférences, il y en a qui se demandent avec effroi quelle perfide résolution va être prise par le parti prêtre.

Je le répète : cet effroi ne m'étonne pas ; je m'étonnerais qu'il n'y eût pas d'effroi ; et quand je rencontre un de ces hommes, assidu lecteur des journaux qui parlent contre le parti prêtre, je m'étonne de voir comment cet homme peut refouler sa haine, comprimer ses indignations, au point de ne pas se jeter sur moi, pour se débarrasser d'un de ces conjurateurs du parti prêtre.

Messieurs, je l'avoue, nous avons une ambition au cœur, et cette ambition ne nous laisse point de repos : nous poussons le cri d'alarme contre les pétroleurs, mais, nous aussi, nous voulons incendier le monde, et nous ne sommes prêtres que pour cela. C'est le commandement de notre capitaine : « *Je suis descendu du ciel pour mettre le feu au monde, et je n'ai pas d'autre ambition que celle de l'embraser* ; » c'est pour cela, Messieurs, que nous disons : Malheur au prêtre qui, au lieu d'attiser le feu, travaillerait à l'étouffer.

Oui, Messieurs, nous sommes de

résolus voleurs : nous voulons vos âmes, nous les voulons à tout prix, mais pour les porter dans le sein de Dieu.

Nous nous proposons de gâter vos plaisirs, de tyranniser vos passions, de troubler vos fêtes, de vous déprendre de la terre, et à la place de tout cela, nous ne vous présentons qu'une misérable compensation : l'honneur d'être des porte-Dieu dans cette vie, et d'être les domestiques de Dieu dans l'autre. Nous prétendons ne pas vouloir rester en sacristie, nous voulons empiéter sur vos cuisines, pour savoir si vous faites gras le vendredi ; sur l'intérieur de vos maisons, pour savoir si le blasphème est assis à vos foyers ; sur vos champs, pour savoir si vous les tourmentez le dimanche ; sur vos greniers, pour savoir si vous donnez à nos pauvres votre superflu ; sur vos écoles, pour savoir si l'on empoisonne vos enfants ; sur vos enfants, pour savoir si, au lieu de les élever, vous ne les abaissez pas ; sur vos vieux parents, pour savoir si vous respectez leur vieillesse ; nous empiétons sur vous, pour vous empêcher de vous damner.

Oui, ces empiétements sont une partie de notre programme, ils sont tout notre programme ; si vous nous trouvez coupables, nous voici, punissez-nous !

Peuple, on te parle du parti prêtre, et à ce moment, tu dis tout bas que tu attends le jour des revendications et de la vengeance. O peuple, es-tu bien sûr que tes premiers coups atteindront un autre que toi ? Car ce parti prêtre, où se recrute-t-il, sinon dans le peuple ? Qui étions-nous, nous autres prêtres, il y a dix ans, vingt ans ? Est-ce que l'Eglise n'est pas venue nous prendre dans l'échoppe du peuple, dans la cabane, dans l'atelier du peuple ? N'est-ce pas au peuple que l'Eglise vient dire : « Peuple, j'ai besoin de prêtres pour prêcher leurs devoirs aux princes, j'ai besoin d'évêques pour gouverner mes diocèses, j'ai besoin de cardinaux pour les envoyer en ambassade auprès des cours catholiques, j'ai besoin de papes pour rappeler la justice aux rois ; peuple, permets-moi de prendre tes enfants sur ton grabat, et j'en ferai l'aristocratie de mon Eglise.

Le peuple s'est laissé faire, et ces enfants, qui étaient en loques et en haillons, ont revêtu la pourpre de l'Eglise, et la mître et la tiare surmontent ces têtes, qui n'auraient été couronnées que d'une éternelle misère.

Maintenant, peuple, porte la torche contre les maisons de ces moines ; arme ton bras contre ce parti prêtre, contre ces évêques, contre ces prélats : qui tueras-tu, sinon tes propres enfants ?

Car enfin, messieurs, est-il vrai, oui ou non, que la plupart de vos prêtres, de vos évêques, de vos papes sont sortis de la campagne ? Est-il vrai que c'est un conducteur de barque qui est devenu le premier pape ; un berger de Thrace qui est devenu le pape Conon ; le fils d'un charpentier, le grand pape saint Grégoire VII ; le fils d'un domestique anglais, le pape Adrien IV ? Est-il vrai qu'un gardien de pourceaux est devenu le gardien de l'Eglise de Dieu sous le nom de Sixte V ? Je ne parlerai pas des évêques, sinon pour vous rappeler que Mgr Rey, Mgr Rendu, que notre évêque bien-aimé sont des fils de paysans. C'est assez pour conclure que l'histoire des papes, des évêques et des prêtres, c'est l'histoire même du peuple. Le parti prêtre et le parti peuple, c'est tout un !

Jusqu'à présent, j'ai beau chercher,

je n'ai pas encore vu ce parti prêtre qui est en conjuration continuelle contre le peuple.

Et dans les temps passés? Le peuple était esclave, l'Eglise voulut mettre cet esclave sur le trône ; pour cela, elle obtint que tout esclave qui se serait réfugié dans un couvent, et qui aurait reçu la tonsure, serait déclaré libre. Et voilà, soit dit en passant, une des causes qui expliquent pourquoi il n'y a pas toujours eu alors de bons prêtres : c'est que le peuple esclave se faisait parfois donner la tonsure, plus par amour de la liberté que par vocation religieuse. Quand l'Eglise eut pu faire supprimer l'esclavage, le peuple fut serf, attaché à la glèbe, taillable à merci ; qui est-ce qui adoucit sa servitude? qui est-ce qui excommunia les maîtres oppresseurs? qui est-ce qui rappela aux maîtres que maîtres et serfs n'avaient qu'un même Dieu à servir, qu'une même

Eucharistie à recevoir, qu'un même confessionnal à fréquenter, qu'un même Décalogue à suivre? Qui est-ce qui, dans un temps où la force primait le droit, imposa des trèves aux guerres des seigneurs, qui dévastaient les terres des paysans? Qui est-ce qui planta sur les chemins les croix, pour en faire un lieu d'asile? Qui est-ce qui rendit inviolable tout paysan qui se serait réfugié auprès de sa charrue, aussi bien qu'au pied d'une croix? qui est-ce qui défendit de subhaster les instruments du labourage? qui est-ce qui ouvrit des écoles aux pauvres? qui est-ce qui fonda des bourses pour ouvrir les universités aux fils des paysans? qui est-ce qui multiplia les jours de fête? qui est-ce qui établit les Rogations pour exempter alors du travail les serfs et les domestiques? — Et certes, si le peuple savait un peu mieux l'histoire de l'Eglise, il ne dirait pas que le parti prêtre cherchait à le *ruiner en fêtes.* — Qui est-ce qui défendit aux nobles de n'entendre la messe que dans leurs chapelles privées? qui est-ce qui les força à venir s'agenouiller, à certains jours, à côté du pauvre peuple, dans la même église de paroisse, pour les empêcher ainsi de former une caste à part, et pour leur rappeler que le peuple, lui aussi, est noble, puisqu'il est fils de Dieu? Qui est-ce qui établit des empêchements de consanguinité pour les mariages, afin de forcer les classes de la société à se mêler? qui est-ce qui s'obstina à ne pas vouloir le mariage des prêtres, pour, entre autres raisons, empêcher que les prêtres, en se perpétuant dans leurs enfants, ne formassent une caste à part, et n'empêchassent le peuple de devenir, lui aussi, prêtre par le droit du mérite? — Et maintenant, ô ingratitude, le peuple fait un crime au prêtre de n'être pas marié ! — Qui a fait tout cela, messieurs? Qui, sinon ce bouc émissaire, que l'on appelle le *parti prêtre?* Qui est-ce qui met sur nos autels des statues de laboureurs, de bergères, d'ouvriers, de manœuvres, qui, sinon le parti prêtre? Dans quelle auberge, dans quel théâtre, le peuple est-il ainsi honoré? Quel est le parti qui a convaincu les grands, comme notre Amédée III de Savoie, parent de l'empereur Conrad III d'Allemagne, d'entrer dans un couvent, et d'aller y cirer les souliers des moines, ses anciens sujets?

Est-ce que ce parti a attendu 89 pour apprendre la fraternité au monde, pour amener les nobles chevaliers, frères de Gérard de Martigue, à s'enfermer, au temps des croisades, dans les hôpitaux de Jérusalem, à se nourrir d'un pain fait de son et de grossière farine, et à réserver la plus pure pour la nourriture des malades et des pèlerins? Qui est-ce qui avait persuadé à leur grand-maître Raymond du Puy de laisser son château et d'aller établir pour règle que l'habillement des chevaliers infirmiers serait vil, parce que les pauvres, dont ils se feraient gloire d'être serviteurs, étaient eux-mêmes grossièrement vêtus?

Peuple, qui a opéré toutes ces merveilles? Le parti prêtre. Et qui est-ce qui en a profité? le prêtre? non. Car avant de dompter les barbares de la Germanie; avant de pouvoir apprivoiser ces hommes sauvages, le parti prêtre a dû braver les menaces, les violences, les confiscations, les exils, les tourments et souvent la mort. O pauvre peuple, si tu ne te souviens plus de tes bienfaiteurs, ce n'est pas toi que j'accuse: on t'a grisé en 93, et pendant ton ivresse on a fait disparaître les titres de tes bienfaiteurs, on a effacé du sol tes églises, qui étaient tes théâtres, tes couvents, qui étaient ta consolation et ton orgueil ; on t'a fait oublier les gloires pacifiques du passé en te procurant les gloires bruyantes de la guerre ; on a distrait l'impétuosité de tes enfants, en les promenant tambour battant dans toutes les capitales de l'Europe ; et maintenant que bientôt 80 ans ont passé sur ces souvenirs, tu appelles tes bienfaiteurs : le parti prêtre.

Messieurs, c'est à vous, qui vous abritez sous la bannière de Pie IX, Pie IX qui est le grand capitaine de ce parti prêtre que l'on méconnait, c'est à vous d'instruire vos frères ; c'est à vous de leur dire où sont les vrais amis du peuple, c'est à vous de combattre le mot d'ordre partout où il pénètre, et où ne devez-vous pas le combattre, puisqu'il pénètre partout ?